Milka – Das Kochbuch

Kordula Werner

Milka

Das Kochbuch

vgs

Die Abkürzungen in den Rezepten bedeuten:
EL = Esslöffel
TL = Teelöffel
Msp. = Messerspitze
Päck. = Päckchen
Stk. = Stück
TK = Tiefkühlkost
Tr. = Tropfen
Pr. = Prise

Die **Temperaturangaben** beziehen sich auf Umluftherde. Wenn Sie einen Elektro- oder Gasherd benutzen, erhöht sich die Temperatur um 20°C.
In den **Zubereitungszeiten** sind die Back- oder Kochzeiten enthalten.
Die Zeit zum Auftauen, Abkühlen oder Gehen lassen etc. ist gesondert in Klammern nach der Zubereitungszeit angegeben.

Die Deutsche Bibliothek – CIP-Einheitsaufnahme
Werner, Kordula:
Das Milka Kochbuch / Kordula Werner. -Köln : vgs, 2000
ISBN 3-8025-1432-7

Bildnachweis: Food-Foto-Köln/Jürgen Holz
Umschlaggestaltung: Sens, Köln
Redaktion: Stefanie Koch
Lektorat: Katja Fauth
Produktion: Angelika Rekowski
Layout und Satz: Veronika Richter, Köln
Koordination: Stefanie Brandt, Jochen A. Rotthaus (BAVARIA SONOR)
Angelika Westphal (KRAFT FOODS)
Printed in Germany
ISBN 3-8025-1432-7

Besuchen Sie unsere Homepage www.vgs.de
und die Homepage von Milka www.milka.de

Inhalt

1
2
3
4
5

Philippes Traum

„Als Hirtenbub hatte ich genügend Zeit zum Grübeln über alle möglichen Dinge, die meine blühende Phantasie beschäftigten.

Ein nachhaltiges Erlebnis war die erste Begegnung mit der Schokolade. Man schickte mich zum Apotheker in Neuenburg, um auf ärztliche Verordnung für meine kranke Mutter ein Pfund Schokolade zu holen: Der Preis war gesalzen: 6 Franken! Auf dem Heimweg malte ich mir aus, wenn ich einmal selbst Schokolade herstellen könnte, welche Reichtümer würden mir da erblühen! Nachdem die Mutter sich gut erholt hatte, trug ich diesen Gedanken fortan mit mir herum..."

Die kleine Geschichte spielt zu Beginn des 19. Jahrhunderts und handelt von einem der bedeutendsten Wirtschaftspionieren der Schweiz: Bereits 1826 legte er den Grundstein für ein heute weltbekanntes Unternehmen mit ebenso bekannten wie beliebten Markenprodukten: Philippe Suchard.

Als das Unternehmen im Jahre 1901 eine neue Marke kreierte, dessen Name sich aus den beiden wichtigsten Zutaten, nämlich Milch und Kakao zusammensetzte und auf die einprägsame Kurzform Milka gebracht wurde, begann nicht nur eine einzigartige Markengeschichte, sondern gleichzeitig ein fast unglaubliches Kapitel moderner Werbung, die damals noch etwas zögerlich mit dem Wort „Reclamé" umschrieben wurde. Denn die Verpackung, die das zarte Qualitätsprodukt aus dem Hause Suchard umhüllte, war mit einer für damalige Verhältnisse revolutionären Farbe ausgestattet, die heute fast zu einem Synonym für ihr Produkt geworden ist: Die Farbe Lila. „Jeder lila Farbtupfer – ob in Süßigkeitsregalen oder auf Werbeplakaten – ist imstande, Erinnerungen und Vorstellungen von hochwertiger Schokolade

hervorzurufen," heißt es in einer Studie des Psychotechnischen Institutes in Österreich aus dem Jahre 1995.

Als Geniestreich jedoch darf die Abbildung einer symbolträchtigen Szene gelten, in deren Mittelpunkt vor einer Alpenlandschaft eine lila Kuh gezeigt wurde, gleichermaßen der Schöpfungsakt einer bis heute unangetasteten Markenwelt, die ausdrucksstark Qualität und Reinheit, Natürlichkeit und Genuss verdeutlicht. Und die bis zum heutigen Tag, einhundert Jahre nach ihrer Einführung, ständig an Beliebtheit und Attraktivität hinzugewonnen hat.

Alles nahm seinen Anfang mit den kreativen Phantasien von Philippe Suchard. Das vorliegende Buch soll Ihnen, liebe Leser, neue und weitergehende Anreize bieten, Philippes Traum auf besonders genussvolle und anregende Art weiter zu erleben. Was kann schöner und anregender sein, als einen sonnigen Tag mit Milka zu beginnen, zum Beispiel mit leckeren Knusperzauberbrötchen oder einem Milka Gute-Laune-Müsli. Das vorliegende Buch enthält eine Fülle appetitanregender Vorschläge, wie Sie einen besonderen „lila" Verwöhn-Tag für sich oder mit „Sweets for your sweets" einlegen können: Mit Rezepten, die einladen, zu genießen und zu verwöhnen, ganz so, wie es Milka seit vielen Jahren verspricht und immer wieder hält: Als eine der zartesten Versuchungen, seit es Schokolade gibt!

Viel Spaß, Genuß und guten Appetit wünscht Ihnen bei der Lektüre und natürlich bei der Zubereitung

Ihr Milka Team

1

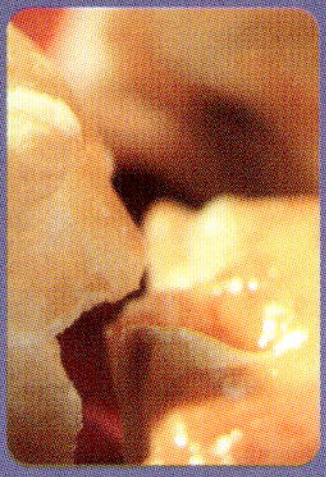

Mit Milka den Tag beginnen

Was ist wunderbarer, als den Tag mit **Milka Schokolade** zu beginnen? Der Duft von frischen Brötchen und Croissants, durchzogen vom zarten Schokoladenaroma, treibt auch den überzeugtesten Morgenmuffel an den Frühstückstisch, denn verführerischer kann man den neuen Morgen nicht begrüßen.

11

1

Milka Knusper Zauber Brötchen

(Für 8 Stück)

250 g Mehl
½ Päck. Trockenhefe
70 g Butter, zimmerwarm
70 ml Vollmilch, zimmerwarm
⅔ Tafel (200 g) **Milka Knusper Zauber**

Mehl mit **Hefe** mischen, klein geschnittene **Butter** und **Milch** zugeben und alles zu einem glatten Teig verkneten. Die Schüssel mit einem Tuch bedecken und den Teig an einem warmen Ort ca. 30 Minuten gehen lassen. Milka Knusper Zauber mit der Küchenmaschine oder im Blitzhacker fein zerkleinern. Den Hefeteig nach dem Gehen nochmals durchkneten, zu einer Rolle formen und 8 gleichgroße Portionen abstechen. Jede Teigportion zu einem ca. ∅ 12 cm großen Fladen auswalzen, mit 1 gehäuften EL zerkleinerte Milka Knusper Zauber bestreuen, dabei die Ränder aussparen, aufrollen und zu einer Kugel formen, ohne dass die Milka Knusper Zauber nach außen tritt. Mit der Naht nach unten auf ein mit Backpapier ausgelegtes Backblech setzen und den Teig noch einmal ca. 15 Minuten gehen lassen. Vor dem Backen jedes Brötchen mit einem Pinsel etwas anfeuchten und restliche Milka Knusper Zauber den Brötchen als Haube aufsetzen. Anschließend im vorgeheizten Backofen bei 200 °C ca. 15 Minuten backen.

Zubereitungszeit: ca. 35 Minuten (plus 45 Minuten gehen lassen)

Tipp: Falls Sie keine Küchenmaschine oder keinen Blitzhacker zur Hand haben, können Sie die Milka Schokolade auch mit einem großen Messer zerkleinern.

1

Milka Sterntaler

(Für ca. 14 Stück)

2 Scheiben TK Blätterteig (10x20 cm)
1 Tafel (100 g) **Milka Alpenmilch**
1 Eigelb

Den **Blätterteig** auf ein Brett legen und auftauen lassen (ca. 15 Minuten). Jede Platte auf mehr als die doppelte Größe ausrollen und mit einer Plätzchenform (die Sterninnenfläche sollte mindestens 5 cm im Durchmesser besitzen) Sterne ausstechen.
Je einen Stern mit einem Stück Milka Schokolade in der Mitte belegen, den Rand mit etwas **Eigelb** bestreichen und einen zweiten Stern darauf setzen. Die Ränder vorsichtig festdrücken. Auf diese Weise 14 Sterne herstellen. Das restliche Eigelb auf die Sterne pinseln. Die fertigen Sterne auf ein mit Backpapier ausgelegtes Blech setzen und im vorgeheizten Backofen bei 180 °C ca. 10 Minuten backen. Warm servieren.

Zubereitungszeit: ca. 20 Minuten (plus 15 Minuten Auftauzeit)

Tipp: Statt des Sterns kann man natürlich auch andere Plätzchenformen verwenden.

16 Crespelle alla Milka mit Aprikosenkaramell

(Für 4 Personen)

Für den Teig:
30 g Butter
2 Eier
350 ml Milch
170 g Mehl
1 Pr. Salz
Fett zum Backen

Für die Füllung:
½ Tafel (50 g) **Milka Alpenmilch**
½ Tafel (50 g) **Milka Noisette**
100 g Ricotta
30 g Kürbiskerne

Für den Aprikosenkaramell:
2 EL Zucker
½ Becher (100 g) Sahne
½ Tafel (50 g) **Milka Weisse Schokolade**
1 Dose (825 ml) Aprikosen

Die **Butter** in einem Topf leicht erwärmen, bis sie schmilzt. Das flüssige Fett mit **Eiern, Milch, Mehl** und einer Prise **Salz** in eine Schüssel geben und alles gut miteinander verrühren. Den Teig etwa 15 Minuten quellen lassen. Eine beschichtete Pfanne (ca. ∅ 20 cm) mit etwas **Fett** ausstreichen und nacheinander 8 dünne Pfannkuchen backen.

Milka Alpenmilch und Milka Noisette in Stücke brechen und im Wasserbad oder in der Mikrowelle schmelzen und glatt rühren. Geschmolzene Milka Schokolade etwas erkalten lassen und teelöffelweise den **Ricotta** unterrühren, sodass eine gleichmäßige Creme entsteht. Zum Schluß die **Kürbiskerne** hacken und ebenfalls untermischen.

Zucker in einer Pfanne vorsichtig schmelzen und unter Rühren kurz bräunen. Karamellisierten Zucker rasch mit der **Sahne** aufgießen und verrühren. Milka Weisse Schokolade in Stücke brechen und in der Sahne schmelzen. **Aprikosen** abschütten und 100 ml des Saftes zum Sahnekaramell geben. Aprikosenhälften nochmals halbieren und mit dem Aprikosenkaramell mischen.
Jeden Pfannkuchen mit 1 Esslöffel der Füllung bestreichen und aufrollen.

Zubereitungszeit: ca. 40 Minuten

Tipp: Zum Überbacken die Crespelle in eine feuerfeste Form legen, Aprikosenkaramell darüber gießen und bei 180 °C im vorgeheizten Backofen ca. 15 Minuten überbacken. Warm servieren.

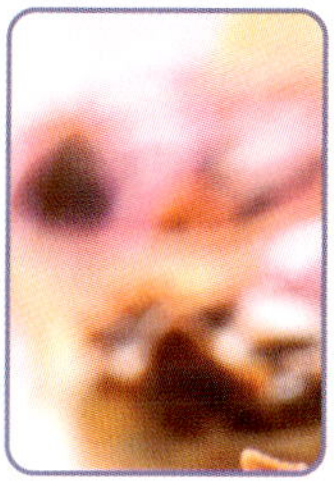

Das Milka Gute-Laune-Müsli

(Für ca. 1 kg)

200 g Vollkornhaferflocken
250 g zarte Haferflocken
10 getrocknete Aprikosen
10 Trockenpflaumen
200 g Bananenchips
1 Tafel (300 g) **Milka Sckoko & Flakes**

Vollkornhaferflocken und **Haferflocken** mischen. **Aprikosen** und **Trockenpflaumen** klein schneiden. Die **Bananenchips** etwas zerstoßen und die Milka Schoko & Flakes mit den Händen zerkleinern. Alles miteinander vermischen und in ein gut verschließbares Gefäß füllen. Jeden Morgen eine Portion mit Milch auffüllen und genießen.

Zubereitungszeit: ca. 10 Minuten

1

Milka Frühstückscreme

(Für ca. 250 g)

1 Tafel (100 g) **Milka Alpenmilch**
125 g sahniger Frischkäse
1 EL Ahornsirup
2 EL Sonnenblumenkerne

Milka Schokolade in Stücke brechen und im Wasserbad oder in der Mikrowelle schmelzen und glatt rühren. Einen Teelöffel **Frischkäse** mit der geschmolzenen Milka Schokolade gut vermengen, dann den restlichen Frischkäse und den **Ahornsirup** gut unterrühren. **Sonnenblumenkerne** hacken und unterheben. Im Kühlschrank aufbewahren.
Schmeckt zu Weißbrot, Hefehörnchen, aber auch super zu Vollkornbrötchen bzw. -brot.

Zubereitungszeit: ca. 10 Minuten

Tipp: Um Milka Schokolade zum Schmelzen zu bringen, diese niemals direkt, sondern nur im Wasserbad erhitzen. Dazu in Stücke gebrochene Milka Schokolade in eine feuerfeste Schale geben, diese in einen Topf mit heißem Wasser setzen und Milka Schokolade unter Rühren erwärmen. Noch einfacher lässt sich Milka Schokolade in der Mikrowelle schmelzen, und zwar ca. 1 Minute bei 600 Watt.

2

Süße Verführungen

Zum Glück kann man **Milka Schokolade** zu jeder Tageszeit genießen. Und zum Abschluss eines leckeren Essens ist eine süße Krönung sowieso ein Muss. Lassen Sie sich überraschen, welche Vielfalt von köstlichen Verführungen Sie mit Milka Schokolade zaubern können.

21

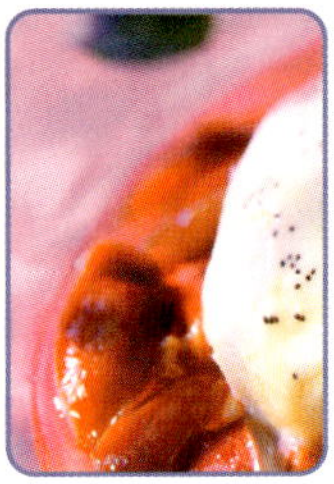

Milka Ravioli
mit weißer Sherry-Zabaione

(Für ca. 20 Stück)

Für die Milka Ravioli:
1 Ei
1 EL Wasser
½ Tafel (50 g) **Milka Nuss-Nougat**
1 EL Öl
125 g Mehl

Für die Frischkäse-Walnuss-Bananen-Füllung:
1 Banane
125 g Frischkäse
20 Walnusskernhälften, gehackt
1 TL Zitronensaft

Für die Sherry-Zabaione:
100 ml Milch
½ Tafel (50 g) **Milka Weisse Schokolade**
2 Eigelb
30 cl Sherry

Ei und **Wasser** miteinander verquirlen. Milka Nuss-Nougat in Stücke brechen und im Wasserbad oder in der Mikrowelle schmelzen und glatt rühren. **Öl** mit der geschmolzenen Milka Schokolade vermengen, dann die Mischung teelöffelweise mit dem Ei-Wasser-Gemisch verrühren. Zum Schluss das **Mehl** einarbeiten. Die Masse mit den Händen weiterkneten, bis ein elastischer Teig entstanden ist. Sollte der Teig noch etwas kleben, wenig (!) Mehl hinzufügen. Den Teig in Frischhaltefolie einpacken und ca. 2 Stunden bei Zimmertemperatur ruhen lassen.
Den Teig in vier Portionen aufteilen und jeweils eine Portion dünn (1-2 mm dick) ausrollen. Mit einem Glas (Ø 8 cm) jeweils ca. 5 Kreise ausstechen. In die Mitte jedes Kreises einen Teelöffel der Füllung (siehe unten) setzen, den Rand mit etwas Eigelb bestreichen und zu einem Halbkreis zusammenklappen. Den Rand mit einer Gabel etwas festdrücken. In köchelndem Wasser ca. 8-10 Minuten ziehen lassen. Mit der Sherry-Zabaione servieren.

Banane zerdrücken und mit dem **Frischkäse** verkneten. Gehackte **Walnusshälften** mit dem **Zitronensaft** zum Frischkäse geben, alles gut verrühren.

Milch mit der in Stücke gebrochenen Milka Weisse Schokolade erwärmen und diese unter Rühren schmelzen. Eine feuerfeste Schüssel in ein heißes Wasserbad setzen. Wasserbad vom Herd ziehen. **Eigelb** und **Milch** hineingeben und mit dem Mixer aufschlagen, **Sherry** hinzufügen und die Creme ca. 5 Minuten weiterschlagen, bis sie andickt.

Zubereitungszeit: ca. 40 Minuten (plus 2 Stunden ruhen lassen)

24

Milka Dampfnudeln
mit heller Mohnsauce im Pflaumenbett

(Für 4 Personen)

Für die Dampfnudeln:
½ Tafel (50 g) **Milka Weisse Schokolade**
65 ml Milch
220 g Mehl
1 Ei
1 Pr. Salz
½ Päck. (21 g) frische Hefe

Für die helle Mohnsauce:
Grundrezept Feine Sauce à la Milka mit **Milka Weisse Schokolade** (siehe Seite 35)
1 EL Mohn

Für das Pflaumenkompott:
1 Glas (700 g) eingekochte Pflaumen
1 geh. TL Speisestärke
Zimt, gemahlene Nelken

Milka Weisse Schokolade in Stücke brechen und im Wasserbad oder in der Mikrowelle schmelzen, glatt rühren und mit der leicht erwärmten **Milch** mischen. **Mehl** in eine Schüssel sieben, **Ei, Salz** und zerbröckelte **Hefe** zugeben. Milch mit der geschmolzenen Milka Weisse Schokolade ebenfalls in die Schüssel geben, alles miteinander vermengen und mit den bemehlten Händen zu einem homogenen Teig kneten. Den Teig mit einem Tuch abgedeckt an einem warmen Ort gehen lassen (45 Minuten), dann gut durchkneten. 4 Klöße formen und erneut gehen lassen (15 Minuten). Einen hohen Topf zur Hälfte mit Wasser füllen, das Wasser zum Kochen bringen. Die Klöße in ein Tuch geben, die Enden des Tuchs so an den Topfhenkeln befestigen, dass die Klöße im Wasserdampf garen können, oder in einen Edelstahl-Durchschlag setzen und in den Topf hängen. Topf mit dem Deckel verschließen und Klöße ca. 15 Minuten im Wasserdampf garen.

Mohn in die Feine Sauce einrühren.

Pflaumen abgießen und längs vierteln. Vom Saft 3 EL abnehmen und mit der **Speisestärke** möglichst klümpchenfrei verrühren. Den restlichen Saft zum Kochen bringen. Gelöste Speisestärke einrühren, noch einmal kurz aufkochen und die Pflaumen wieder hineingeben. Mit **Zimt** und **Nelken** abschmecken. Das warme Pflaumenkompott auf vier Teller verteilen. Je eine Dampfnudel auf die Pflaumen betten und mit der hellen Mohnsauce servieren.

Zubereitungszeit: ca. 30 Minuten (plus 1 Stunde gehen lassen)

Milka Mandelsuppe

(Für 4 Personen)

½ trockenes **Brötchen**
50 g gemahlene **Mandeln**
1 EL **Öl**
400 ml **Vollmilch**
½ Tafel (50 g) **Milka Zartherb** oder **Alpenmilch**
Mandelblättchen

Brötchen in Wasser einweichen. **Mandeln** mit dem ausgedrückten Brötchen und **Öl** in der Küchenmaschine oder mit dem Blitzhacker fein pürieren. **Milch** mit der in Stücke gebrochenen Milka Schokolade unter Rühren erhitzen, bis die Milka Schokolade geschmolzen ist. Die pürierten Mandeln dazugeben und alles gut verrühren, leicht aufkochen lassen und mit den **Mandelblättchen** bestreut servieren.

Zubereitungszeit: ca. 10 Minuten

Tipp: Anstelle der gemahlenen Mandeln kann man auch gut Mandelmus verwenden.

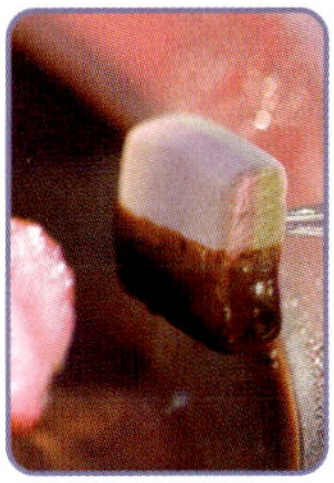

Milka Tiramisu

(Für 4 Personen)

2 Eigelb
50 g Zucker
1 Tafel (100 g) **Milka Alpenmilch**
250 g Mascarpone
125 g Sahne
50 ml Espresso
4 EL Amaretto
125 g Amarettini

Eigelb mit **Zucker** schaumig schlagen, 4 Riegel der Milka Schokolade in der Mikrowelle oder im Wasserbad schmelzen, glatt rühren, kurz abkühlen lassen und teelöffelweise unter Rühren zur Eimasse geben, anschließend **Mascarpone** unterrühren. Die **Sahne** steif schlagen und unter die Mascarponecreme heben. **Espresso** mit **Amaretto** mischen.
Eine rechteckige Form (10x20x10 cm) mit einer Lage **Amarettini** auslegen, 3 EL der Espresso-Amaretto-Mischung darauf verteilen, eine Lage Mascarponecreme darüber geben und anschließend wieder eine Lage Amarettini usw. Mit der Mascarponecreme abschließen. Die übrige Milka Schokolade kurz ins Gefrierfach legen, dann rasch auf einer Reibe fein raspeln. Die geraspelte Milka Schokolade als Abschluss auf die letzte Lage Creme streuen. Gekühlt servieren.

Zubereitungszeit: ca. 25 Minuten

Milka Fondue

(Für 4 Personen)

2 Becher (à 200 g) Sahne
2 Tafeln (à 100 g) **Milka Zartherb**
2 Tafeln (à 100 g) **Milka Alpenmilch**
Früchte nach Wahl, z. B. Äpfel, Bananen, Birnen, Ananas, Erdbeeren, Kiwis, Weintrauben usw.
oder
Butterkekse, Eierplätzchen, Biskuit, Nüsse, Marshmallows usw.
Zitronensaft

Sahne in einem Topf erwärmen, und die in Stücke gebrochene Milka Zartherb und Milka Alpenmilch dazugeben und unter Rühren in der Sahne schmelzen. Alles in einen Fonduetopf geben und auf dem Stövchen warmhalten. **Früchte** oder andere Leckereien nach Wahl in mundgerechte Happen schneiden und eintauchen. Vor dem Verzehr etwas abkühlen lassen. Bananen-, Apfel- oder Birnen-Stücke mit **Zitronensaft** beträufeln, damit sie nicht braun werden.

Zubereitungszeit: ca. 20 Minuten

Mousse au Milka

(Für 4 Personen)

3 Eier
50 ml Eierlikör
1½ Tafeln (150 g) **Milka Zartherb**
150 g Crème fraîche
½ Tafel (50 g) **Milka Weisse Schokolade**

2 **Eier** trennen und das Eigelb mit dem ganzen Ei ca. 5 Minuten im heißen Wasserbad schaumig schlagen. Herausnehmen und ca. 5 Minuten im kalten Wasserbad weiterschlagen, dabei den **Eierlikör** unterrühren. Milka Zartherb im Wasserbad oder in der Mikrowelle schmelzen, glatt rühren und etwas erkalten lassen. Geschmolzene Milka Zartherb mit **Crème fraîche** verrühren und nach und nach unter weiterem Schlagen mit dem Mixer zur Eimasse geben. Eiweiß steif schlagen und unterheben.
Im Kühlschrank (am besten über Nacht) fest werden lassen. Milka Weisse Schokolade kühlen, raspeln und Mousse damit bestreuen.

Zubereitungszeit: ca. 20 Minuten (plus 3 Stunden Kühlzeit)

Tipp: Sehr gut zur Mousse schmeckt auch die Feine Sauce à la Milka aus Milka Weisse Schokolade von Seite 35.

Crème brulée à la Milka

(Für 4 Personen)

1 Becher (200 g) Sahne
1 Tafel (100 g) **Milka Weisse Schokolade**
2 Eier
4 EL frische Himbeeren oder TK Himbeeren
4 EL Zucker

Sahne mit der in Stücke gebrochenen Milka Weisse Schokolade unter Rühren erwärmen und kurz aufkochen lassen. Die **Eier** mit dem Mixer aufschlagen und die Sahne mit der Milka Weisse Schokolade unter Rühren dazugeben. Vier kleine feuerfeste Förmchen mit **Himbeeren** auslegen und darauf die Creme füllen. Die Förmchen in die mit Wasser gefüllte Fettpfanne vom Backofen oder in eine geeignete, mit Wasser gefüllte, Auflaufform stellen. Im Backofen mindestens 30 Minuten bei 180-200 °C garen. Erkalten lassen. Je 1 EL **Zucker** auf die Förmchen verteilen und ca. 5 Minuten mit dem Backofengrill bräunen. Sie können die Förmchen dabei auch in Eiswasser stellen, dann wird die Creme nicht mit erhitzt. Sofort servieren.

Zubereitungszeit: ca. 45 Minuten

Milka Mangoquark

(Für 4 Personen)

1 kleine Dose (430 g) Mangoscheiben
250 g Speisequark
1 Tafel (100 g) **Milka Weisse Schokolade**

Mangoscheiben abschütten und Saft auffangen. Quark, die Hälfte der Mangoscheiben und 100 ml Mangosaft in einer Schüssel mit dem Mixstab pürieren, die Hälfte der Milka Weisse Schokolade im Wasserbad oder in der Mikrowelle schmelzen und glatt rühren. Milka Weisse Schokolade zum Quark geben und alles noch einmal gut durchpürieren. Die übrigen Mangoscheiben getrennt pürieren. Mangoquark in eine Glasschale geben oder über 4 Glasschälchen verteilen, Mangopüree ebenfalls darauf verteilen und zum Schluss mit geraspelter Milka Weisse Schokolade garnieren. Gekühlt servieren.

Zubereitungszeit: ca. 10 Minuten (plus 30 Minuten Kühlzeit)

Tipp: Besonders edel wirkt dieses Dessert mit folgender Dekoration:

Schokoblätter

(Für 10 Blätter)

10 ungiftige (ungespritzte!) Blätter, z. B. Pfefferminze-, Zitronenmelisse- oder Weinblätter
2 Riegel (ca. 35 g) einer Tafel **Milka Zartherb, Milka Alpenmilch** oder **Milka Weisse Schokolade**
1 Msp. Kokosfett, z. B. Palmin

Blätter waschen und trockentupfen. Milka Schokolade mit dem Kokosfett im Wasserbad oder in der Mikrowelle schmelzen, glatt rühren und mit einem Pinsel auf die untere Blattseite streichen. Die Seite mit der Milka Schokolade nach oben auf Backpapier legen und im Kühlschrank fest werden lassen. Blätter vom Stielende her vorsichtig abziehen und die Schokoblätter pur oder als Garnierung genießen.

Zubereitungszeit: ca. 10 Minuten (plus 1 Stunde Kühlzeit)

Milka Haselnuss Pudding

(Für 4 Personen)

1 l Vollmilch
50 g feine Speisestärke
2 Tafeln **Milka Haselnuss** (à 100 g)

Von der **Milch** ca. 5 EL abnehmen und die **Speisestärke** darin unter Rühren klümpchenfrei auflösen. Übrige Milch zum Kochen bringen. Milka Schokolade in Stücke brechen und in der heißen Milch schmelzen. Gut verrühren und dann ebenfalls unter Rühren die gelöste Speisestärke dazugießen. Pudding noch einmal gut aufkochen. Erkalten lassen und mit Feiner weißer Sauce à la Milka servieren (siehe Seite 35).

Zubereitungszeit: ca. 10 Minuten

Besonders lecker schmeckt dieser Pudding mit einer der folgenden Saucen:

Schnelle Sauce à la Milka

(Für ca. 150 ml)

1 Tafel (100 g) **Milka Alpenmilch** oder
Milka Weisse Schokolade
100 ml Vollmilch

Die Milka Schokolade in Stücke brechen und im Wasserbad oder in der Mikrowelle schmelzen, glatt rühren und die kalte **Milch** unter Rühren dazugießen. Nochmals kräftig verrühren, fertig!

Zubereitungszeit: ca. 5 Minuten

Feine Sauce à la Milka

(Für ca. 250 ml)

40 g Butter
1 EL Zucker
1 Becher (200 g) Sahne
1 Tafel (100 g) **Milka Alpenmilch** oder
Milka Weisse Schokolade

Die **Butter** in einem Topf erwärmen und zum Schmelzen bringen, dann den **Zucker** hineingeben. Unter Rühren ganz leicht bräunen, die **Sahne** dazugießen und das Ganze unter gelegentlichem Rühren ca. 5 Minuten leicht köcheln lassen. Milka Schokolade in Stücke brechen und unter Rühren in der Sahne schmelzen.

Zubereitungszeit: ca. 10 Minuten

Tipp: Die Saucen schmecken auch ganz hervorragend zu den Dampfnudeln (siehe Seite 24), der Mousse au Milka (siehe Seite 30), dem „Kuh'len" Eis (siehe Seite 36) und den Milka Waffeln (siehe Seite 49).

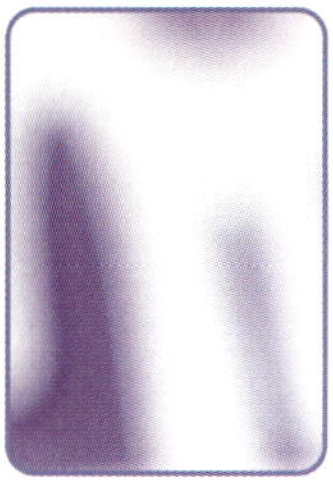

Milka „Kuh'les" Eis

(Für ½ l)

1 Ei
1 Eigelb
30 g Puderzucker
300 ml Vollmilch
1½ Tafeln (150 g) **Milka Weisse Schokolade** oder **Milka Noisette**

In einer größeren feuerfesten Schüssel **Ei** und **Eigelb** mit dem Schneebesen oder dem elektrischen Handmixer verquirlen. Nach und nach den **Puderzucker** hineinsieben und weiterrühren, bis eine blassgelbe Creme enstanden ist. **Milch** aufkochen. Zunächst 5 EL der heißen Milch mit der Eimischung verrühren, danach restliche Milch unterrühren (schäumt!). Die Milka Schokolade zerkleinern. Die Schüssel mit der Eimischung in ein köchelndes Wasserbad setzen, die Milka Schokolade dazugeben und bei niedriger Hitze mit einem Löffel weiterrühren, bis sie geschmolzen ist. Anschließend die Mischung ca. 5-10 Minuten unter weiterem Rühren etwas eindicken lassen. Vom Herd nehmen, in einen geeigneten Behälter gießen und abkühlen lassen, dabei gelegentlich umrühren, damit sich auf der Oberfläche keine Haut bildet.
Die Masse in einem Eisbereiter nach Vorschrift gefrieren lassen oder für ca. 2-3 Stunden ins Gefrierfach stellen. Die gefrorene Masse geschmeidig aufschlagen und erneut einfrieren, bis sie fest ist.

Zubereitungszeit: ca. 20 Minuten (plus 2-3 Stunden Gefrierzeit)

Tipp: Mit Schneller Sauce à la Milka (siehe Seite 35) und gerösteten Mandelblättchen servieren.

3

Kuchen, Torten und Gebäck – Sweets for my sweet

Egal ob mit Freunden zum Kaffeeklatsch oder allein mit dem Liebsten, die **Milka Möhrchen Torte** im Kuhfleckenmuster macht garantiert gute Laune. Aber auch als Partymitbringsel sorgen die raffinierten **Milka Torten** sicherlich für eine gelungene Überraschung.

Milka Möhrchen Torte

(Für eine ∅ 26 cm Form)

Für den Kuchen:
160 g Butter
100 g Zucker
4 Eigelb
100 g Mehl
1 Päck. Backpulver
300 g Haselnüsse, gemahlen
2 Tafeln (à 100 g) **Milka Haselnuss**
250 g Möhren, gerieben
4 Eiweiß, steif geschlagen

Für die Glasur:
10 g Kokosfett, z. B. Palmin
1½ Tafeln (150 g) **Milka Alpenmilch**
½ Tafel (50 g) **Milka Weisse Schokolade**

Butter mit **Zucker** und **Eigelb** schaumig schlagen. **Mehl** mit **Backpulver** und **Haselnüssen** vermischen und unter Rühren zugeben. Milka Haselnuss zerkleinern und mit den geriebenen **Möhren** unter den Teig mischen. Zum Schluss das steif geschlagene **Eiweiß** unterheben. Im vorgeheizten Backofen bei 180 °C ca. 45 Minuten backen, evtl. die Form gegen Ende der Backzeit mit Alufolie abdecken.

Für den weißen Guss vom **Kokosfett** 1 Msp. abnehmen. Milka Alpenmilch mit dem restlichen Kokosfett im Wasserbad oder in der Mikrowelle schmelzen und den erkalteten Kuchen vollständig damit überziehen. Trocknen lassen. Anschließend die Milka Weisse Schokolade mit der Messerspitze Kokosfett im Wasserbad oder in der Mikrowelle schmelzen und weiße Kuhflecken aufstreichen. Im Kühlschrank fest werden lassen. Den Kuchen am besten einen Tag durchziehen lassen.

Zubereitungszeit: ca. 80 Minuten

42 **Milka Windbeutel** mit Sahne und Kirschen

(Für 6 Stück)

Für den Teig:
50 g Butter
125 ml Wasser
½ Tafel (50 g) **Milka Alpenmilch**
60 g Mehl
2 Eier

Für die Cremefüllung:
1 Becher (200 g) Sahne
½ Tafel (50 g) **Milka Weisse Schokolade**

Für die Kirschfüllung:
1 Glas (680 g) Kirschen
1 EL Speisestärke
2 TL Kirschwasser

Butter und **Wasser** in einem Topf erwärmen. Die Milka Schokolade in Stücken dazugeben und ebenfalls unter Rühren schmelzen. Die Mischung, sobald sie anfängt zu kochen, vom Herd nehmen. Das **Mehl** auf einmal hineingeben und anschließend kräftig rühren, bis die Masse glatt ist und sich vom Topfrand löst. Den Topf auf den Herd zurückstellen und den hergestellten Brandteig 1 Minute unter ständigem Rühren erhitzen. Vom Herd nehmen und zunächst ein **Ei** unter Rühren mit dem Mixer unterschlagen, dann das zweite Ei hinzufügen und weiterschlagen, bis die Masse dick und glänzend ist. Alles in eine Spritztüte mit großer Tülle füllen. Auf ein mit Backpapier ausgelegtes Backblech in genügendem Abstand sechs aufgetürmte Spiralen spritzen. Im vorgeheizten Backofen bei 180 °C ca. 30 Minuten backen. Ofen ausstellen und das obere Drittel der Windbeutel abschneiden, alles zurück in den Ofen schieben und ca. 5 Minuten im noch warmen Ofen trocknen lassen.

50 ml **Sahne** mit der in Stücke gebrochenen Milka Weisse Schokolade in einem Topf erwärmen und rühren, bis sie schmilzt. Alles gut glatt rühren und erkalten lassen. In der Zwischenzeit die übrige Sahne steif schlagen und unterziehen.

Kirschen abgießen und Saft auffangen. **Speisestärke** in 2 EL Kirschsaft einrühren und klümpchenfrei auflösen. 100 ml Kirschsaft erhitzen, die gelöste Speisestärke unter Rühren hineingeben und kurz aufwallen lassen. Angedickten Kirschsaft mit **Kirschwasser** und abgetropften Kirschen mischen und erkalten lassen.

Windbeutelböden mit je 2 EL Kirschmasse füllen, 2 EL der Cremefüllung darüber geben und den Windbeuteldeckel locker aufsetzen.

Zubereitungszeit: ca. 1 Stunde

Milka Schoko & Keks Eistorte

(Für eine ∅ 26 cm Form)

Für den Tortenboden:
4 Eier
2 EL lauwarmes Wasser
100 g Zucker
5 Riegel (150 g) **Milka Schoko & Keks**
200 g Mandeln, gemahlen
2 gestr. TL Backpulver

Eier trennen, Eigelb mit dem **Wasser** schaumig schlagen und nach und nach die Hälfte des **Zuckers** unterrühren. Eiweiß steif schlagen und anschließend den übrigen Zucker mit dem Eiweiß verrühren. Eischneemasse auf die Eigelbcreme geben. In Stücke gebrochene Milka Schoko & Keks in der Küchenmaschine, mit dem Blitzhacker oder einem großen Messer zerkleinern. Gemahlene **Mandeln** mit **Backpulver** mischen und auf den Eischnee häufen, die zerkleinerte Milka Schoko & Keks dazugeben und alles mit dem Schneebesen unterheben. In eine Tortenform füllen und im vorgeheizten Backofen bei 180-200 °C ca. 25 Minuten backen. Vom gebackenen Tortenboden die oberste Schicht (1 cm dick) abschneiden und zerkrümeln.

Für die Eiscreme:
ca. 250 ml Milka „Kuh'les" Eis (siehe Seite 36)
1 Becher (200 g) Sahne
3 TL Puderzucker
3 Riegel (90 g) Milka Schoko & Keks

Eis antauen lassen. In der Zwischenzeit die **Sahne** ca. 1 Minute schlagen, den **Puderzucker** dazugeben und weiterschlagen, bis die Sahne fest wird. 3 EL geschlagene Sahne mit dem Eis pürieren. Milka Schoko & Keks in Stücke brechen und in der Küchenmaschine, mit dem Blitzhacker oder einem großen Messer zerkleinern. Geschlagene Sahne und zerkleinerte Milka Schoko & Keks unter das pürierte Eis rühren.

Für die gerösteten Mandelbrösel:
1 EL Butter
1 EL Zucker
Tortenbodenbrösel

Butter in einer Pfanne schmelzen, **Zucker** hinzufügen und vorsichtig braun werden lassen. **Tortenbodenbrösel** hinzugeben und kurz rösten, anschließend auf einem Teller erkalten lassen.

Tortenboden mit einem Tortenring umschließen und die Eiscreme darauf verteilen. Obendrauf die gerösteten Mandelbrösel streuen. Für mindestens 3 Stunden ins Tiefkühlfach stellen und ca. 30 Minuten vor dem Servieren im Kühlschrank antauen lassen.

Zubereitungszeit: ca. 50 Minuten (plus 3 Stunden Kühlzeit)

Lila Torte

(Für eine ∅ 26 cm Form)

Für den Biskuitboden:
3-4 Eier
2 EL warmes Wasser
150 g Zucker
1 Päck. Vanillezucker
100 g Mehl
100 g Speisestärke
2 gestr. TL Backpulver

Für die Lila Creme:
50 ml Sahne
1 Tafel (100 g) **Milka Weisse Schokolade**
500 g Mascarpone
1 Glas (700 g) Waldheidelbeeren
2 Päck. Sofortgelatine

Eier trennen. Eigelb mit dem **Wasser** schaumig schlagen und nach und nach 100 g des **Zuckers** und den **Vanillezucker** unterrühren. Anschließend so lange schlagen, bis eine hellgelbe Creme entstanden ist. Das Eiweiß steif schlagen und unter weiterem Schlagen den restlichen Zucker hinzugeben. Eischnee auf die Eigelbmasse häufen, **Mehl** mit **Speisestärke** und **Backpulver** mischen und auf den Eischnee sieben. Alles vorsichtig mit einem Schneebesen unter die Eigelbcreme ziehen. Teig in eine mit Backpapier ausgelegte Springform füllen und im vorgeheizten Backofen bei 200 °C ca. 30 Minuten backen.

Sahne mit der in Stücke gebrochenen Milka Weisse Schokolade in einem Topf vorsichtig unter Rühren erwärmen, bis die Milka Schokolade schmilzt. Dann alles glatt rühren und etwas erkalten lassen. Esslöffelweise **Mascarpone** dazugeben und mit dem Mixer gut verrühren. **Heidelbeeren** abgießen, dabei den Saft auffangen, Beeren pürieren. 2 EL der **Sofortgelatine** unter Rühren zum Beerenpüree geben. Heidelbeersaft leicht erwärmen, restliche Gelatine unter Rühren dazugeben und schlagen, bis sie sich gelöst hat, und zu der Mascarponecreme geben. Tortenboden einmal quer durchschneiden. Die untere Hälfte mit einem Tortenring umschließen, mit dem Heidelbeerpüree bestreichen und darüber ca. 1/3 der Mascarponecreme verteilen. Den zweiten Boden aufsetzen, Creme bis auf einen Rest von ca. 150 ml darauf geben. Torte und restliche Creme in den Kühlschrank stellen, bis die Crememasse anfängt zu gelieren und streichfähig wird. Tortenring entfernen und Torte mit der restlichen Creme bestreichen.

Zubereitungszeit: ca. 80 Minuten

Milka Tender Torte

(Für eine ∅ 26 cm Form)

Für den Biskuitboden:
4 mittelgroße Eier
4 EL kaltes Wasser
140 g Zucker
2 gestr. TL Backpulver
120 g Mehl
100 g Haselnüsse, gemahlen

Für die Creme:
3 Tafeln (à 100 g) **Milka Haselnuss**
600 g Crème fraîche
1 Päck. (185 g) **Milka Tender Nuss**

Eier trennen. Eiweiß und **Wasser** mit dem Mixer steif schlagen. Das Eigelb getrennt schaumig schlagen, den **Zucker** dabei einrieseln lassen und so lange weiter rühren, bis die Masse cremig und fast weiß ist. Nun den Eischnee, das mit **Backpulver** gemischte und gesiebte **Mehl** und die gemahlenen **Haselnüsse** zur Eigelbmasse geben. Die Zutaten mit einem Schneebesen vorsichtig unterheben.
Den Boden einer Springform mit Backpapier auslegen, den Biskuitteig hineinfüllen. Im vorgeheizten Backofen bei 180 °C ca. 25-30 Minuten backen.

Milka Haselnuss in Stücke brechen, im Wasserbad oder in der Mikrowelle schmelzen und mit **Crème fraîche** verrühren. Den abgekühlten Biskuitboden halbieren und den unteren Boden mit der Hälfte der Creme bestreichen; die andere Biskuithälfte darauf legen. Haube und Rand der Torte mit der restlichen Creme bestreichen. Jedes Milka Tender Nuss Röllchen in 12 gleichmäßige Scheiben schneiden. Dazu ein scharfes Messer vor jedem Schnitt kurz in heißes Wasser tauchen und mit einem Papiertuch trockentupfen. Die Torte mit den Milka Tender Nuss Scheiben belegen. Vor dem Servieren kühl stellen.

Zubereitungszeit: ca. 70 Minuten

Milka Birnentarte mit Pistazien-Sahne

(Für eine ∅ 26 cm Form)

Für den Mürbeteig mit Milka Schokolade:
120 g Mehl
120 g Speisestärke
1 EL Zucker
1 Ei
80 g Butter , zimmerwarm
1 Tafel (100 g) **Milka Zartherb**

Für den Birnenbelag:
4 große reife Birnen
1 Becher (200 g) Sahne
1/2 Tafel (50 g) **Milka Weisse Schokolade**
1/2 Becher (100 g) Schmand
3 EL grüne Pistazien, gehackt

Mehl, Speisestärke, Zucker und Eier mit der kleingeschnittenen Butter in eine Schüssel geben. Milka Zartherb in Stücke brechen, im Wasserbad oder in der Mikrowelle schmelzen, glatt rühren und den übrigen Zutaten hinzufügen. Alles mit den Knethaken des Handrührers vermengen und anschließend mit den Händen zu einem glatten Teig verkneten. In Frischhaltefolie verpackt ca. 1/2 Stunde im Kühlschrank ruhen lassen. Dann den Teig in eine gefettete Tarte- oder Springform kneten, dabei einen kleinen Rand formen. Mit der Gabel mehrmals einstechen.

Birnen schälen und in Scheiben schneiden. Den Mürbeteigboden mit den Birnenscheiben belegen, dabei die einzelnen Scheiben fächerartig hintereinander stecken. Sahne erwärmen, Milka Weisse Schokolade in Stücke brechen und in der Sahne schmelzen. Etwas erkalten lassen, den Schmand unterrühren und über die Birnen gießen. Im vorgeheizten Backofen bei 200°C ca. 40 Minuten backen. Zum Schluss mit den Pistazien bestreuen und servieren. Schmeckt warm und kalt.

Zubereitungszeit: ca. 80 Minuten (plus 30 Minuten ruhen lassen)

Milka Waffeln mit weißer Sauce

(Für ca. 12 Waffeln)

50 g Butter
2 Eier
2 Tafeln (à 100 g) **Milka Alpenmilch**
300 g Mehl
½ TL Backpulver
400 ml Milch
1 Msp. Zimt
1 Pr. gemahlene Nelken

Zimmerwarme **Butter** in eine Schüssel geben und mit den **Eiern** schaumig schlagen. Milka Schokolade in Stücke brechen und im Wasserbad oder in der Mikrowelle schmelzen und glatt rühren. Portionsweise unter Rühren ebenfalls in die Schüssel geben. **Mehl** mit **Backpulver** mischen, abwechselnd mit der **Milch** zum Teig geben und unterrühren. Den Teig ca. 15 Minuten quellen lassen, mit **Zimt** und **Nelken** abschmecken. Waffeleisen erhitzen, eventuell fetten, Teigportionen einfüllen und nacheinander backen. Im Backofen warmhalten.
Feine Sauce aus Milka Weisser Schokolade (siehe Seite 35) zu den Waffeln reichen.

Zubereitungszeit: ca. 30 Minuten (plus 15 Minuten quellen lassen)

Tipp: Sehr gut schmeckt die Feine Sauce à la Milka aromatisiert mit 1 EL Cointreau.

3

50

Gestreifter Kuchen à la Milka

(Für eine ∅ 20 cm Springform oder 1,5 l Kastenform)

225 g Kokosfett, z. B. Palmin
2 Tafeln (à 100 g) **Milka Zartherb**
2 Tafeln (à 100 g) **Milka Alpenmilch**
ca. 30 Butterkekse
1-1½ Tafeln (100-150 g) **Milka Weisse Schokolade**

200 g des **Kokosfetts** in einem Topf leicht erwärmen, bis es geschmolzen ist. Die in Stücke gebrochene **Milka Zartherb** und **Milka Alpenmilch** dazugeben und unter Rühren alles zu einer homogenen Masse schmelzen. Eine Springform oder Kastenform mit Backpapier auslegen und zunächst eine Schicht **Milka** Schokoladencreme ($^1/_4$ der Gesamtmenge) auf den Boden gießen. Form kurz in den Kühlschrank stellen, bis die Masse anfängt fest zu werden. Anschließend bei der Springform ca. 10 **Butterkekse** darauf legen, bei der Kastenform entsprechend weniger. Am Rand muss teilweise gestückelt werden. Darauf wieder eine Schicht **Milka** Schokoladencreme, dann wieder eine Schicht Keks usw., bis sich vier **Milka** Schokoladencremeschichten ergeben. Den Kuchen für ca. 2 Stunden in den Kühlschrank stellen, bis die **Milka** Schokoladencreme fest ist. Anschließend das restliche Kokosfett schmelzen und mit der in Stücke gebrochenen **Milka Weisse Schokolade** im Wasserbad oder in Mikrowelle schmelzen, gut umrühren und im Kühlschrank erkalten lassen, bis sie streichfähig ist. Kuchen vollständig mit der **Milka Weisse Schokolade** überziehen. Im Kühlschrank aufbewahren. Ca. 30 Minuten vor dem Verzehr herausnehmen.

Zubereitungszeit: ca. 30 Minuten (plus 3 Stunden Kühlzeit)

Tipp: Wenn man den Rand der Spring- bzw. Kastenform von außen mit einem warmen Tuch befeuchtet, lässt sich der Kuchen leicht aus der Form lösen.

3

Amerikaner styled by Milka

(Für 9 Stück)

65 g Butter
50 g Zucker
½ Päck. Vanillezucker
2 kleine Eier
1 EL Rum
etwas geriebene Zitronenschale
1 Pr. Salz
250 g Mehl
2 gestr. TL Backpulver
90 ml Vollmilch
1 Tafel (100 g) **Milka Nuss-Nougat**

Die **Butter** mit **Zucker** und **Vanillezucker** schaumig schlagen. Nach und nach **Eier, Rum,** abgeriebene **Zitronenschale** und das **Salz** unterrühren. Das **Mehl** mit dem **Backpulver** mischen und unter Rühren esslöffelweise abwechselnd mit der **Milch** dazugeben. Milka Schokolade zerkleinern und unterheben. Ein Backblech mit Backpapier auslegen und mit einem Esslöffel 9 runde Teighäufchen aufs Blech setzen, evtl. noch etwas glatt streichen. Im vorgeheizten Backofen bei 180 °C ca. 30 Minuten backen, bis die Amerikaner leicht gebräunt sind. Nach Belieben die Unterseite mit geschmolzener Milka Schokolade bestreichen.

Zubereitungszeit: ca. 45 Minuten

4

Fingerfood – kleines Naschwerk

Süße Schleckereien dürfen natürlich bei einem **Milka Kochbuch** nicht fehlen. Ob für zwischendurch, als kleiner Snack nach dem Essen oder als Betthupferl – hier finden Sie für jede Situation die richtige Nascherei. Einfach mit den Fingern zugreifen …

Milka Knusperecken

(Für 1 Blech)

Für den Teig:
300 g Mehl
3 Eigelb
3 EL Öl
9 EL Wasser

Für den Knusperbelag:
300 g Sahne
3 Tafeln (à 100 g) **Milka Sahne-Crème**
200 g Haselnüsse, gehackt

Alle Zutaten mit den Knethaken des Rührgeräts gut vermengen, dann mit den Händen weiterkneten, bis ein glatter homogener Teig entstanden ist. Den Teig in Frischhaltefolie verpackt ca. 30 Minuten bei Raumtemperatur ruhen lassen. Den Teig auf einem mit Backpapier ausgelegten Backblech ausrollen.

Sahne in einen Topf geben, erwärmen und die in Stücke gebrochene Milka Schokolade darin auflösen. Bei kleiner Hitze ca. 10 Minuten eindicken lassen. Die **Nüsse** dazugeben, alles gut verrühren, auf den Teig geben und bei 200 °C ca. 15 Minuten backen. Anschließend zunächst in Quadrate, dann in Dreiecke schneiden.

Zubereitungszeit: ca. 40 Minuten (plus 30 Minuten ruhen lassen)

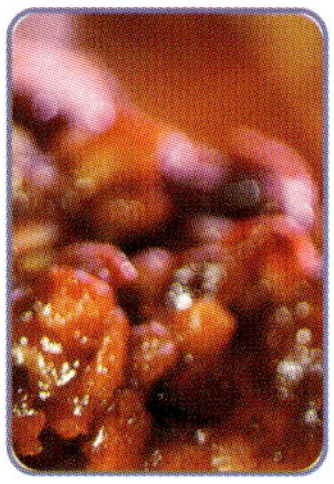

Crunchy Milka Crossies

(Für ca. 12 Stück)

1 Tafel (100 g) **Milka Alpenmilch**
4 EL Zucker
30 g Cornflakes

Milka Alpenmilch in Stücke brechen und im Wasserbad oder in der Mikrowelle schmelzen und glatt rühren. **Zucker** in einem beschichteten Pfännchen vorsichtig schmelzen und unter Rühren kurz bräunen lassen. Pfännchen vom Herd ziehen. **Cornflakes** mit der Hand leicht zerkleinern, die Brösel in den karamellisierten Zucker geben, rasch verrühren und in die geschmolzene Milka Schokolade geben. Alles vermengen. Aus der Masse 12 Portionen formen und auf Backpapier erkalten lassen.

Zubereitungszeit: ca. 10 Minuten

Tipp: Zum Säubern der Arbeitsgeräte weichen Sie diese sofort nach Gebrauch in Wasser ein.

Milka Küsse

(Für ca. 20 Kugeln)

1 Tafel (100 g) **Milka Noisette**
40 g Marzipanrohmasse
ca. 30 Haselnusskerne
ca. 2 Riegel (ca. 35 g) einer Tafel
Milka Zartherb oder
Milka Weisse Schokolade

Milka Noisette in Stücke brechen und im Wasserbad oder in der Mikrowelle schmelzen, glatt rühren. Die **Marzipanmasse** zur warmen Milka Noisette geben und alles mit einer Gabel zu einer homogenen Masse verkneten. Kleine Portionen abtrennen, einen **Haselnusskern** damit umschließen und zu kirschgroßen Bällchen formen. Milka Zartherb bzw. Milka Weisse Schokolade fein raspeln und jedes Bällchen wahlweise in dunklem oder weißem Raspel wälzen.

Zubereitungszeit: ca. 15 Minuten

4

Milka Konfekt

(Für ca. 20 Konfektkugeln)

1 Tafel (100 g) **Milka Schoko & Keks**
30 g Walnüsse, gehackt
40 g Butter , zimmerwarm
3 EL Cointreau oder Sherry
2/3 Tafel (ca. 65 g) **Milka Zartherb** oder **Milka Weisse Schokolade**

Milka Schoko & Keks in der Küchenmaschine, mit dem Blitzhacker oder einem großen Messer zerkleinern. Zerkleinerte Milka Schoko & Keks, **Walnüsse**, **Butter** und **Likör** mit einer Gabel vermengen, bis eine homogene Masse entstanden ist. Das Ganze ca. 20 Minuten im Kühlschrank fest werden lassen, damit es sich besser verarbeiten lässt. Aus der vorgekühlten Konfektmasse mit dem Teelöffel kleine Mengen abstechen und zu ca. 20 Bällchen formen. Milka Zartherb bzw. Milka Weisse Schokolade im Wasserbad oder in der Mikrowelle schmelzen, glatt rühren und die Konfektkugeln kurz in der geschmolzenen Milka Schokolade wälzen (evtl. Milka Schokolade zwischendurch nochmals aufschmelzen) und auf Backpapier trocknen lassen.

Zubereitungszeit: ca. 15 Minuten (plus 1 Stunde ruhen lassen)

Feigen mit weißer Milka Creme

(Für 12 Feigen)

50 g Butter
½ Tafel (50 g) **Milka Weisse Schokolade**
1 Eigelb
1 Becher (200 g) Schmand
12 Feigen

Butter in einem Topf erwärmen und mit der in Stücke gebrochenen Milka Weisse Schokolade schmelzen, alles gut verrühren. Eine feuerfeste Schüssel in ein heißes Wasserbad setzen, das **Eigelb** darin aufschlagen und die flüssige Butter mit der Milka Weisse Schokolade zunächst tropfenweise, dann in dünnem Strahl unterrühren. Etwas erkalten lassen und den **Schmand** einrühren. Die Masse im Kühlschrank fest werden lassen.

Feigen von der Spitze nach unten zur Blüte aufschneiden und auseinanderklappen. Eine Spritztülle mit der Creme füllen und kleine Creme-Häubchen in die Mitte jeder Feige setzen.

Zubereitungszeit: ca. 15 Minuten (plus 1 Stunde Kühlzeit)

Milka Joghurt Pfefferminz-Trüffel

(Für 20 Trüffel)

10 g Butter
40 g Sahne
1 Tafel (100 g) **Milka Joghurt** bzw. **Milka Erdbeer-Joghurt**
1-2 Tr. ether. Pfefferminzöl
Pralinenförmchen aus Papier
Pistazien zum Garnieren

Butter in einem Topf erwärmen, **Sahne** dazugeben und aufkochen. Milka Schokolade in Stücke brechen und unter Rühren in der Sahne schmelzen. Etwas erkalten lassen. **Pfefferminzöl** hineintropfen und alles gut verrühren. Angedickte Masse in einen Spritzbeutel füllen und kleine Trüffelhäufchen in **Papierförmchen** spritzen. Mit klein gehackten **Pistazien** garnieren.

Zubereitungszeit: 15 Minuten (plus 45 Minuten andicken lassen)

Milka Früchtchen

(Für 12 Spieße)

½ Pfund Weintrauben
Ananas- oder Bananenstückchen
2 Tafeln (à 100 g) **Milka Alpenmilch**
bzw. **Milka Weisse Schokolade**
10 g Kokosfett, z. B. Palmin

Weintrauben, Ananas- und/oder **Bananenstückchen** abwechselnd auf einen Schaschlickspieß stecken. Milka Schokolade in Stücke brechen, mit dem **Kokosfett** im Wasserbad oder in der Mikrowelle schmelzen, glatt rühren und in eine flache Schale füllen. Spieße zur Hälfte in die geschmolzene Milka Schokolade tauchen, überschüssige Milka Schokolade vorsichtig abstreifen und zum Trocknen im Kühlschrank über die Schale hängen.

Zubereitungszeit: 15 Minuten (plus 1 Stunde Kühlzeit)

Milka Kokos-spalten

1 Kokosnuss
1 Tafel (100 g) **Milka Alpenmilch**

Kokosnuss öffnen, noch in der Schale in Spalten schneiden. Dazu das Messer zwei- bis dreimal durch den Schnitt führen und die Spalte dann mit dem Messer vorsichtig abhebeln. Milka Schokolade in Stücke brechen, im Wasserbad oder in der Mikrowelle schmelzen und glatt rühren. Jede Kokosnussspalte zur Hälfte in die geschmolzene Milka Schokolade tauchen, auf Backpapier mindestens 2 Stunden trocknen lassen.

Zubereitungszeit: ca. 20 Minuten (plus 2 Stunden trocknen lassen)

5

Getränke – Milka mal flüssig

Milka Schokolade schmeckt nicht nur in fester Form, sondern natürlich auch flüssig. Ob erfrischende Frucht-Milchshakes, heiße Latte con **Milka** oder coole Cocktails – mit **Milka Schokolade** ist für jeden etwas dabei.

Milka Erdbeermilch

(Für 2 Gläser)

200 ml Vollmilch
½ Tafel (50 g) **Milka Weisse Schokolade**
1 Becher (125 g) Joghurt Natur
200 g frische Erdbeeren, geputzt

50 ml **Milch** in einem kleinen Topf erhitzen und in Stücke gebrochene Milka Weisse Schokolade darin unter Rühren schmelzen, vom Herd nehmen und etwas erkalten lassen. Schokoladenmilch mit der übrigen Milch, dem **Joghurt** und den **Erdbeeren** in einen hohen Topf geben und mit dem Pürierstab des Mixers oder im Mixaufsatz der Küchenmaschine pürieren. Leicht gekühlt servieren.

Zubereitungszeit: ca. 10 Minuten

Latte con Milka

(Für 2 Gläser)

½ l Vollmilch
4 Riegel einer Tafel (100 g) **Milka Alpenmilch**

Die **Milch** in einem Topf bis kurz vorm Sieden erhitzen und ungefähr ein Drittel davon mit dem Schneebesen, Mixer oder im Milchschäumer schaumig schlagen. Milka Schokolade in Stücke brechen und unter Rühren in der übrigen heißen Milch schmelzen. Die Latte in zwei (vorgewärmte) Gläser füllen und den Milchschaum vorsichtig mit einem Löffel aufsetzen.

Zubereitungszeit: ca. 10 Minuten

Milka Shake

2 Kugeln **Eis** antauen lassen und in einen hohen Behälter geben. Eis, **Sahne** und **Buttermilch** mit dem Pürierstab des Mixers oder dem Mixaufsatz der Küchenmaschine verquirlen. Shake in 2 hohe Gläser füllen, auf jedes eine weitere Kugel Eis setzen, mit **Krokant** bestreuen und sofort servieren.

Zubereitungszeit: ca. 10 Minuten

(Für 2 Gläser)

4 Kugeln Milka „Kuh'les" Eis
aus **Milka Noisette** (siehe Seite 36)
100 ml Sahne
250 ml Buttermilch
Krokant zum Bestreuen

Heißer Milka Amarettobecher

(Für 2 Becher)

300 ml Vollmilch
1 Tafel (100 g) **Milka Café-Crème**
½ Becher (100 g) Sahne
2 cl Amaretto

Milch in einem Topf erwärmen und die in Stücke gebrochene Milka Schokolade unter Rühren darin auflösen. **Sahne** steif schlagen. **Amaretto** auf die Becher verteilen und mit der Milch mit Milka Schokolade aufgießen. Geschlagene Sahne als Haube aufsetzen.

Zubereitungszeit: ca. 10 Minuten

Weiße Versuchung

(Für 1 Glas)

$^{1}/_{2}$ Tafel (50 g) **Milka Weisse Schokolade**
2 cl Sahne
1 cl Galliano (Vanillelikör)
4 EL Orangensaft, frisch gepresst
1 Spritzer Zitronensaft, frisch gepresst

Milka Weisse Schokolade im Wasserbad oder in der Mikrowelle schmelzen, einen kleinen Schuss Sahne dazugeben und verrühren. Erst Likör, anschließend restliche Sahne, geschmolzene Milka Schokolade, Orangensaft und schließlich den Zitronensaft in den Shaker füllen. 2-3 Eiswürfel zugeben und ca. 10 Sekunden auf Eis schütteln. In ein Cocktailglas abseihen.

Zubereitungszeit: ca. 10 Minuten

Tipp: Weiße Versuchung mit einer Physalis dekoriert servieren.

5

Alpengong

(Für 1 Glas)

1/2 Tafel (50 g) **Milka Alpenmilch**
3 cl Brandy
3 cl Sahne
1 Pr. Muskat, frisch gerieben

Zunächst Milka Schokolade im Wasserbad oder in der Mikrowelle schmelzen, dann **Brandy**, geschmolzene Milka Schokolade und **Sahne** in den Shaker füllen, 2-3 Eiswürfel dazugeben und ca. 10 Sekunden shaken. Mit einer Prise frisch geriebenem **Muskat** servieren.

Zubereitungszeit: ca. 10 Minuten

5

Milka Alpenlikör

(Für 12 Likörgläser)

2 Eier
20 g Puderzucker
½ Tafel (50 g) **Milka Alpenmilch**
150 g Sahne
1 Msp. Zimt
50 ml Alkohol (96%, Apotheke)

Die **Eier** im Mixer schaumig schlagen und unter Rühren nach und nach den **Puderzucker** in die Eimasse sieben. Die Milka Schokolade im Wasserbad oder in der Mikrowelle schmelzen, glatt rühren und ebenfalls unter Rühren esslöffelweise dazu geben. Dann die **Sahne** langsam zugießen, den **Zimt** hinzufügen und zum Schluss den **Alkohol** in kleinen Portionen unterrühren. Alles noch einmal gut durchmixen. In eine saubere Flasche füllen, nach 24 Stunden nochmals gut durchschütteln. Kühl aufbewahren, allerdings ca. 1 Stunde vor dem Genuss bei Zimmertemperatur aufwärmen lassen. Vor jedem Servieren noch einmal gut schütteln.

Zubereitungszeit: ca. 10 Minuten

Milka Vielfalt

Register